DOS EN LA CIUDAD

DOS EN LA CIUDAD

Antonio de Cos

ELBLANCO
DETUSOJOS

© Antonio de Cos, por el texto
© José Ramón Fernández, por el prólogo
© Pablo Caravaca, por el diseño de portada
© Sergio Lardiez, por la fotografía de contraportada.
© Eva Contreras y Luis Miguel Madrid (El Blanco de tus Ojos) por la maquetación y edición

Este libro se ha editado con el apoyo de la Asociación Cultural Mañana es Arte

Publicado en mayo de 2018
Madrid, España.
editorial@elblancodetusojos.com
www.elblancodetusojos.com

ISBN-13: 978-8495797049
ISBN-10: 8495797046

La tipografía utilizada en este libro es Crimson Text

Reservados todos los derechos. No se permite la reproducción total o parcial de esta obra, ni su incorporación a un sistema informático, ni su transmisión en cualquier forma o por cualquier medio (electrónico, mecánico, fotocopia, grabación u otros) sin autorización previa y por escrito de los titulares del copyright. La infracción de dichos derechos puede constituir un delito contra la propiedad intelectual.

A Ángela, mi madre, por tanto.

PRÓLOGO

Este, lo van a ver, es el caso de un escritor con un extraordinario talento. Bastaría con leer la primera escena de esta obra. ¿Ya lo han hecho? Muchos de los que la hayan leído, pensarán lo que yo, cuando lo hice, hace ya algunos años. Y se lo dije a su autor: un homenaje tal vez demasiado literal a Ionesco. Mi sorpresa fue que Antonio de Cos me respondió que no conocía *La cantante calva*. Esto nos coloca ante un escritor capaz de escribir páginas de la altura de las mejores de uno de los grandes del siglo XX.

Y es así. Porque la escena de marras es la primera de nueve que no bajan el nivel de brillantez, de calidad de los diálogos, de imaginación. Nos encontramos ante una escritura que podría haber sido firmada por nuestros grandes autores de humor de los años treinta, esos mismos Neville, Tono y Jardiel que se codearon en Hollywood con los hermanos Marx y Charlie Chaplin. Si alguien me hubiera dicho que era un texto de uno de esos autores, creo que me lo habría colado.

¿Se trata, entonces, de un ejercicio de estilo? No. Antonio de Cos escribe así porque ese mundo disparatado, esa esgrima verbal brillante, son señas de identidad de la calle. De su Cádiz de todos los días.

Cuando conocí a Antonio de Cos él era alumno de interpretación del Laboratorio William Layton; más tarde pasó por el curso de escritura dramática. Él ya era un escritor cuando lo conocí. Capaz de mostrar un universo. En 2006 había escrito y dirigido un excelente documental: *20 años no es poco. Cambalache jazz*.

Cádiz tiene mucho que ver. Hay una tradición, una cultura, que entra por la piel. En aquel curso de Layton escribió *Juanillo on fire*, que estrenó en 2008. *Juanillo on fire* tenía toda su brillante imaginación y todo un hondo caldo de tradición, sabido como se sabe la cultura popular, como sin darse cuenta. Hicimos una curiosa prueba que corrobora esa raíz de su escritura. Le propuse que completase la duración convencional del espectáculo montando su pieza junto a *Ganas de reñir*, de los hermanos Álvarez Quintero. Antonio añadió otra pieza de los de Utrera, *Sangre gorda*. Con todo ello, David Boceta pergeñó un espectáculo titulado *¡Qué arte más grande!*. Y funcionó de maravilla, en unas divertidísimas funciones en una pequeña sala de la calle de la Palma, en Madrid.

Empujado por sus amigos, formó parte del equipo de escritura de *Safronia*, junto con otros dos jóvenes de enorme talento: Juan Vinuesa y José Padilla. Fue estrenada en 2011. Al año siguiente llegó el estreno de esta *Dos en la ciudad*. Más reciente ha sido la escritura de *Flores*, estrenada en 2015. Es decir, la que aquí se publica es su primera obra mayor – es curioso, hablamos de piezas breves pero no de piezas largas –, su primer paso como autor en solitario.

Esta escritura en la que las escenas tienen como hilo de unión tan solo el lugar en que suceden – y, tal vez, un tono común, un cierto aire de familia – ha tenido un gran éxito en España en los últimos años con la aparición de un brillante dramaturgo y director: Alfredo Sanzol. Sanzol jugó esa baza en varias de sus obras de más éxito, como *Sí, pero no lo soy* o *Días estupendos*. Y ha sido un referente para escritores de su generación, los nacidos en los setenta, y para promociones más jóvenes. Creo no equivocarme si digo que también Antonio se ha mirado en él para estos comienzos de su carrera como escritor.

Esa forma tiene *Dos en la ciudad*: una sucesión de escenas que tienen como marco una ciudad de Nueva York de cartón pluma, esa de las películas, de los personajes que se encuentran en la azotea del Empire State Building, de los policías que dicen aquello de "too old for this shit", de los encuentros casuales que causan amor y chicas que se parecen a Audrey Hepburn. Y un hilo para atar el principio y el final, los estupendos Preciosa y Perfecto.

Alguna vez le he dicho a Antonio que habría que hacer con él lo que se cuenta que Verdi hizo con Solera cuando preparaban *Nabucco*: encerrarlo en una habitación y no darle de comer hasta que no pasó las hojas del libreto por debajo de la puerta.

Antonio ha tenido sus Verdis, para fortuna nuestra. Personas que le han dicho tantas veces que creen en él que, por no oírlos, les ha hecho caso. Por una parte, seguramente, su amigo David Boceta, estupendo director cuando su trabajo como actor le deja un rato. Y sus antiguos compañeros de Layton: los tres actores que estrenaron *Dos en la ciudad*, las cuatro actrices que estrenaron *Safronia*, las dos actrices que lo acompañaron en *Juanillo on fire*, las cuatro actrices que estrenaron *Flores*. Creo que el común denominador se llama Carlota Romero, y es justo dejar aquí señalada esa voluntad de creer en Antonio. Más otros que hicieron alguna sustitución, más amigos que confían en su mucho talento. Han hecho un esfuerzo, entre todos, para forzar a este escritor con no demasiada fe en su extraordinaria capacidad a ponerse las pilas. Este objeto tan aparentemente inofensivo, este libro, ya no le va a permitir que se le pase por la cabeza no escribir. Y no saben ustedes cuánto me alegra.

José Ramón Fernández

Dos en la ciudad fue estrenada el 13 de septiembre de 2012 en la Sala Garaje Lumiere de Madrid con el siguiente elenco:

Joaquín Navamuel, Mario Retamar, Carlota Romero.

* Irene Ruiz sustituyó a Carlota Romero en diversas funciones.

Diseño de vestuario: Guadalupe Valero
Diseño de escenografía: Irene Herrarte
Diseño de iluminación: Pablo R. Seoane
Diseño gráfico: Pablo Caravaca
Ayudante de dirección: Raúl Prados
Dirección: Antonio de Cos

Él adoraba Nueva York.
La idolatraba de un modo desproporcionado.
Woody Allen, Manhattan.

Nos encontramos en la calle, yo diría casualidad.
Fito Paez, Dos en la ciudad.

1

PRECIOSA Y PERFECTO

(Primera parte)

Esquina de la Avenida Madison y la calle 42 de la ciudad de Nueva York. Un hombre y una mujer esperan. Junto a ellos un teléfono público.

ÉL: Disculpe, señorita, ¿es esta la esquina de Madison con la 42?

Ella sonríe. Señala el cartel que lo indica.

ELLA: Parece que sí.
ÉL: Sí, no cabe duda. Gracias.
ELLA: No hay de qué.

Pausa.

ÉL: Es mi primer día en la ciudad y todavía no me aclaro con las calles.

Pausa.

ELLA: Yo también.

ÉL: Tampoco, querrá decir.
ELLA: También. Yo también llegué hoy a la ciudad.
ÉL: Pues qué casualidad. Yo llegué en el vuelo de la mañana.
ELLA: Yo también. El vuelo de la mañana.
ÉL: Pero qué casualidad. ¿De alguna ciudad del sur?
ELLA: Sí, de una ciudad del sur.
ÉL: De una ciudad del sur, pero qué casualidad, por dios.
ELLA: De una muy pequeña.
ÉL: De una muy pequeña, sí. Dios de mi vida, sí que es casualidad.
ELLA: ¿Ha llegado usted por primera vez a la ciudad en el vuelo de la mañana desde una ciudad del sur muy pequeña?
ÉL: Exacto.
ELLA: Sí que es casualidad.

Pausa.

ÉL: Hace calor, no parece que hoy vaya a nevar.
ELLA: No se crea, en esta ciudad pasa cada cosa que no le quiero ni contar.
ÉL: No me diga.
ELLA: Le digo.
ÉL: ¿Qué me dice?
ELLA: Que en esta ciudad pasa cada cosa que no le quiero ni contar.
ÉL: Pues es una suerte.
ELLA: Lo es. Siempre suele haber sombra en esta parte de la calle.
ÉL: Tenerle a usted cerca, digo.
ELLA: Sí, eso también.

Pausa.

ÉL: Espero a una mujer de la ciudad. Parece ser que se retrasa.
ELLA: Yo a un hombre.
ÉL: ¿De la ciudad?
ELLA: Se retrasa.

Pausa.

ÉL: Le diría mi nombre, pero con el cambio horario no sé si...
ELLA: Le entiendo perfectamente, no tiene por qué avergonzarse. A mí, a veces, también me pasa.

Pausa.

Bonita ciudad.
ÉL: Preciosa.
ELLA: Sí que lo es.
ÉL: No, digo, que si no le molesta que le llame Preciosa. Usted lo es, preciosa digo, y bueno, me preguntaba si le molestaría que me dirigiera a usted de esa manera: Preciosa.
ELLA: Perfecto.
ÉL: Entonces perfecto, Preciosa.
ELLA: No, me refiero, que a lo mejor a usted no le importa que le llame así: Perfecto.
ÉL: Perfecto entonces, Preciosa.

Suena el teléfono.

ELLA: Perdone. Es para mí.
ÉL: No se preocupe, yo también tengo cosas que hacer.
ELLA: *(descuelga y habla)* ¿Sí? Soy yo. Cuanto tiempo. Qué alegría. No me lo puedo creer... con un pan debajo del brazo... Sí, sí, cuanto antes... Esas cosas es mejor cogerlas

a tiempo... Sí, Sí, claro. No le molesto más. Dígale que le he llamado. Perfecto.

Cuelga.

ÉL: ¿Sí?
ELLA: ¿Eh?
ÉL: ¿Cómo?
ELLA: ¿Qué?
ÉL: ¿Su amigo?
ELLA: No, se habían confundido. Ya le dije, estas cosas pasan mucho en esta ciudad.
ÉL: Malditas líneas telefónicas.

Pausa.

ELLA: Mi marido...
ÉL: ¿Está usted casada?
ELLA: No.
ÉL: Entonces no le haga caso a su marido.
ELLA: Y mis hijos...
ÉL: ¿Tiene usted hijos?
ELLA: No.
ÉL: Pues con los hijos es distinto.
ELLA: ¿A qué se refiere?
ÉL: Pues que con los hijos no es igual.
ELLA: Entiendo.
ÉL: ¿Me entiende?
ELLA: Le entiendo.

Pausa.

ÉL: A lo mejor la estoy aburriendo con mis teorías.

ELLA: Me gusta escuchar.
ÉL: ¿A los desconocidos?
ELLA: Sólo cuando espero.
ÉL: Verdad. Se me había olvidado que está usted esperando a un hombre de la ciudad. De hecho, yo... ¿Usted no será la...? No, no... Qué tontería.
ELLA: ¿Qué?
ÉL: No... nada...
ELLA: Dígame, por favor, no me deje con la intriga.
ÉL: Me preguntaba si...
ELLA: ¿Sí?
ÉL: ¿De verdad quiere saberlo?
ELLA: Me haría mucha ilusión.
ÉL: No, me preguntaba si sería usted la mujer de la ciudad a la que estoy esperando.
ELLA: No, lo siento. Soy de una pequeña ciudad del sur.
ÉL: Sí, yo también.
ELLA: A lo mejor somos vecinos, ¿se imagina?
ÉL: Sería bonito.
ELLA: ¿Usted cree?
ÉL: ¿En qué?
ELLA: En estas cosas.
ÉL: De vez en cuando.
ELLA: ¿Ahora?
ÉL: Ahora sí.

Pausa.

ELLA: Es curioso.
ÉL: Me lo dicen a menudo. Debe de ser por la forma de mi bigote. Yo lo veo un bigote normal, pero por lo visto a la gente le llama la atención.
ELLA: A mí me gusta.

ÉL: ¿Usted cree que...?
ELLA: Le sienta bien.
ÉL: Menos mal.
ELLA: Debe ser muy importante para usted.
ÉL: Imagínese, con él desde los dieciocho. Le he cogido cariño.
ELLA: La mujer a la que espera.
ÉL: Eso espero. Con estas cosas nunca se sabe.
ELLA: ¿Qué me va usted a contar a mí?
ÉL: ¿Experta?
ELLA: Doctorada.

Pausa.

ÉL: A veces pienso que...

Vuelve a sonar el teléfono.

ELLA: Disculpe, de nuevo.
ÉL: No se preocupe, yo sigo con lo mío.
ELLA: *(descuelga y habla)* ¿Sí? Está bien.

Cuelga

ÉL: ¿Otra equivocación?
ELLA: Sí.
ÉL: Malditas líneas.
ELLA: Esta vez sí era el hombre de la ciudad al que esperaba. Ha equivocado las fechas y no vendrá a recogerme hasta dentro de dos días.
ÉL: ¿Es posible?
ELLA: A ver qué hago yo en esta esquina hasta pasado mañana.

ÉL: Tiene un buen sitio para el desfile. Aunque le recomiendo que cambie de esquina cada cierto tiempo. Las ordenanzas municipales son muy estrictas con el tiempo que una persona puede permanecer en un espacio público.
ELLA: Sin duda.

2

SUICIDAS

Azotea del Empire State Building. Un hombre observa el horizonte de la ciudad. Otro, turista, hace fotos.

HOMBRE 1: Bonitas vistas, ¿no cree?
HOMBRE 2: Fantásticas. Fantásticas vistas. Ya lo creo.
HOMBRE 1: En los días despejados se ve Cádiz. ¿Conoce Cádiz?
HOMBRE 2: No. Creo que no.
HOMBRE 1: Bonita. Bonita ciudad.
HOMBRE 2: ¿Dice que se ve desde aquí?
HOMBRE 1: Sólo los días despejados. *(Señala)* Allí.
HOMBRE 2: ¿Allí?
HOMBRE 1: Allí. Justo allí estarían las Torres Gemelas.
HOMBRE 2: Vaya.
HOMBRE 1: ¿Las conoció usted?
HOMBRE 2: Sólo por televisión.
HOMBRE 1: Eran algo extraordinario.
HOMBRE 2: Por televisión lo parecían.
HOMBRE 1: Lo eran.
HOMBRE 2: Yo, sin embargo, sólo puedo recordarlas en llamas, cayendo, con la gente saltando al vacío.
HOMBRE 1: Una imagen terrible.

HOMBRE 2: Ya lo creo.
HOMBRE 1: Cuarenta años.
HOMBRE 2: ¿Cómo dice?
HOMBRE 1: Cuarenta años. Cuarenta años en pie y usted las recuerda cayendo.
HOMBRE 2: Yo...
HOMBRE 1: Usted y casi todo el mundo. No se apure. No me refería a usted personalmente.
HOMBRE 2: Ah.
HOMBRE 1: Cuarenta años en pie y usted las recuerda cayendo. Qué cosas. ¿Sabe qué es esto?

Le muestra una moneda.

HOMBRE 2: ¿Una moneda?
HOMBRE 1: Exacto. Una moneda. Veo que es usted muy observador.
HOMBRE 2: Bueno, yo...
HOMBRE 1: Una moneda de cuarto de dólar. ¿Sabe usted cuánto tardaría esta moneda en llegar al suelo?
HOMBRE 2: ¿Al suelo?
HOMBRE 1: No a este. Al de abajo.
HOMBRE 2: ¿Al de abajo?
HOMBRE 1: Al suelo de la calle. Al mismísimo suelo de la Quinta Avenida de la Ciudad de Nueva York. Ocho segundos con pocas décimas.
HOMBRE 2: Vaya.

El HOMBRE 1 lanza la moneda. Ambos observan la parábola que describe el proyectil.

HOMBRE 1: Ocho, siete, seis, cinco, cuatro, tres, dos, uno, Quinta Avenida de la Ciudad de Nueva York.

HOMBRE 2: Vaya. Ha podido caerle a alguien en la cabeza.
HOMBRE 1: El dinero mata, amigo. Lo curioso de todo esto es que una persona tardaría prácticamente el mismo tiempo en llegar al suelo. Imagínese: ocho segundos para repasar toda tu vida; ocho segundos para acordarte de todo lo que dejas atrás; ocho segundos para arrepentirte de haber saltado. ¿Se imagina saltar y arrepentirse antes de caer? Qué putada, ¿no? Ocho segundos pueden convertirse en hora y media.
HOMBRE 2: Dicen que la mayor parte de los que se precipitan desde alturas tan altas como esta mueren antes de llegar al suelo.
HOMBRE 1: ¿Cómo dice?
HOMBRE 2: Que la mayor parte de los que se precipitan desde alturas tan altas como esta mueren antes de llegar al suelo. Bueno, eso dicen.
HOMBRE 1: ¿Quién dice eso?
HOMBRE 2: No sé, lo médicos, los expertos.
HOMBRE 1: Y, ¿qué dicen esos expertos?
HOMBRE 2: Que la mayor parte de los que se precipitan desde alturas tan altas como esta mueren antes de llegar al suelo. Infarto.
HOMBRE 1: ¿Infarto?
HOMBRE 2: Eso dicen ellos.
HOMBRE 1: Y, ¿cómo pueden saber eso?
HOMBRE 2: No sé, ¿por la autopsia?
HOMBRE 1: ¿Cómo van a saber eso por la autopsia?
HOMBRE 2: Pues no sé.
HOMBRE 1: Vamos a ver: el tipo está en el suelo con todos sus órganos reventados, con su cerebro hecho trizas, y el médico, o el experto, dictamina que el corazón se paró unos segundos antes de caer. ¿Es así?
HOMBRE 2: Así es.
HOMBRE 1: Y, ¿usted les cree?
HOMBRE 2: Yo...

HOMBRE 1: Yo puedo estar de acuerdo con que en el trayecto de bajada, el precipitado pueda sufrir un infarto de miocardio, ¿vale? Está cayendo y empieza a sentir dolor en el pecho, se le seca la boca y empieza a agarrotársele el brazo izquierdo, ¿correcto? Pero, ¿nos quieren hacer creer que muere antes de llegar al suelo?
HOMBRE 2: Yo...
HOMBRE 1: ¿Usted qué?
HOMBRE 2: Que no lo había pensado.
HOMBRE 1: Ocho segundos, por dios. Ocho segundos. No da tiempo a morirse en tan poco tiempo. ¿Ha pensado usted alguna vez en tirarse?
HOMBRE 2: ¿Cómo dice?
HOMBRE 1: Tirarse. Suicidarse. Acabar con todo.
HOMBRE 2: ¿Yo?
HOMBRE 1: Lo ha pensado.
HOMBRE 2: No.
HOMBRE 1: No me mienta.
HOMBRE 2: ¡Le estoy diciendo que no!
HOMBRE 1: No tiene por qué avergonzarse. Todos lo hemos pensado alguna vez. Es una especie de fantasía, de pensamiento recurrente. Es la materialización del pánico. El vacío. No por eso tiene que ser usted un suicida. Todos lo pensamos, pero no nos tiramos. Los que lo piensan no se tiran. Los otros... bueno ya sabe usted de lo que le hablo. ¿Lo ha hecho usted alguna vez con un hombre?
HOMBRE 2: ¿Cómo dice?
HOMBRE 1: Es lo mismo. Tener relaciones con una persona del mismo sexo es también un pensamiento recurrente en la cultura occidental. ¿Lo ha hecho usted alguna vez?
HOMBRE 2: ¿No le parece que me está usted preguntando cosas demasiado íntimas? Yo no le conozco de nada. Y me está poniendo usted nervioso.

HOMBRE 1: Bueno, hombre, no se ponga así. No insinuaba nada.
HOMBRE 2: ¡No me pongo de ninguna manera! ¿Sabe? Me tengo que ir.
HOMBRE 1: ¿Tan pronto?
HOMBRE 2: Me esperan.
HOMBRE 1: ¿No se habrá enfadado usted conmigo por lo que le he dicho?
HOMBRE 2: No, de veras, es que me tengo que ir.

El HOMBRE 1 le ofrece la mano al HOMBRE 2.

HOMBRE 1: Es una pena, hombre. Me habría encantado seguir conversando con usted. Parece un hombre interesante.
HOMBRE 2: Quizá en otra ocasión.

El HOMBRE 2 se dispone a irse.

HOMBRE 1: ¿Sabe que los humanos y los chimpancés compartimos el noventa y nueve por ciento del ADN?
HOMBRE 2: No, no lo sabía. Bueno, un gusto.
HOMBRE 1: Noventa y nueve por ciento. Noventa y nueve por ciento es casi cien por cien. Por un poquito, pero casi cien por cien. ¿Se anima?
HOMBRE 2: ¿A qué?
HOMBRE 1: A saltar.
HOMBRE 2: ¡Pare ya con eso, por dios!
HOMBRE 1: Saltamos juntos, ¿no, o qué?
HOMBRE 2: Me voy.
HOMBRE 1: A lo mejor soy yo el que tendría que irse.
HOMBRE 2: ¿Cómo dice?
HOMBRE 1: Que, a lo mejor, soy yo el que tendría que irse, y

dejarle a usted en paz con su suicidio. A lo mejor buscaba usted intimidad en este momento tan importante, y llego yo y se lo fastidio. Sí, a lo mejor, tendría que irme.
HOMBRE 2: Sí, es verdad. A lo mejor tendría que irse. Dejarme aquí solo, ya sabe.
HOMBRE 1: ¿Y dejar que salte? No podría, me da cargo.
HOMBRE 2: A lo mejor es usted el que quiere saltar.
HOMBRE 1: ¿Cómo dice?
HOMBRE 2: Que el que tiene ganas de saltar es usted.
HOMBRE 1: ¿Usted cree?
HOMBRE 2: Pues sí. Si no, ¿qué sentido tiene?
HOMBRE 1: Me ha calado usted, amigo. Es cierto. Estoy aquí para saltar. Es usted un hacha.
HOMBRE 2: Pues salte usted de una vez y déjeme en paz, por favor.

El HOMBRE 2 se dispone a irse.

HOMBRE 1: Cómo quiera.

El HOMBRE 1 se dispone a saltar.

HOMBRE 2: ¡Pare!

El HOMBRE 1 se detiene.

HOMBRE 2: Pero, ¡Qué hace!
HOMBRE 1: ¿No me dijo que saltara?
HOMBRE 2: Déjese de tonterías. Apártese del borde.
HOMBRE 1: Desde aquí todo se ve diferente. Mire, acérquese.
HOMBRE 2: Aléjese de ahí.
HOMBRE 1: Qué pequeñas se ven las personas desde aquí. Toda una metáfora de la vida moderna: desde arriba se

ve a los de abajo como figuras diminutas, insignificantes, aplastables, ¿no cree?

HOMBRE 2: Puede ser, pero apártese de ahí. Me está dando mucho vértigo.

HOMBRE 1: ¿De mí o de usted?

HOMBRE 2: ¿Cómo dice?

HOMBRE 1: Su vértigo. ¿Es un vértigo ajeno? ¿Por mí? ¿O más bien es un vértigo interno, un vértigo existencial que le ha traído hasta la azotea de uno de los edificios más altos del mundo?

HOMBRE 2: Mire, yo sólo soy un turista. He venido hasta aquí para fotografiar las vistas.

HOMBRE 1: Lo que usted diga. ¿No se anima?

HOMBRE 2: Como siga con eso me voy.

HOMBRE 1: Como se vaya, salto.

HOMBRE 2: No me haga esto, hombre.

HOMBRE 1: Usted me ha mentido.

HOMBRE 2: ¿Perdone?

HOMBRE 1: Que usted me ha mentido.

HOMBRE 2: ¿Yo? ¿En qué?

HOMBRE 1: En todo.

HOMBRE 2: Mire...

HOMBRE 1: Nadie le espera. Usted está solo.

HOMBRE 2: Le aseguro que mi mujer y mis hijos están en el hotel. Esperándome.

HOMBRE 1: Miente. A usted no le espera nadie. Usted está solo. Solo en el mundo.

HOMBRE 2: Esto es ridículo.

HOMBRE 1: A lo mejor ni siquiera es usted turista.

HOMBRE 2: Como usted quiera.

HOMBRE 1: Turista... ¿Turista? ¿Turista de qué?

HOMBRE 2: Pues...

HOMBRE 1: Es patético.

HOMBRE 2: Tranquilícese, amigo.
HOMBRE 1: Patético, sí. Un perdedor. ¡Salte ya, patético perdedor! ¡No me haga perder más tiempo!
HOMBRE 2: Creo que usted no está bien. Tendría que verle un médico.
HOMBRE 1: Salte.
HOMBRE 2: Un médico psiquiatra.
HOMBRE 1: Salte conmigo, perdedor.
HOMBRE 2: Pero, ¿qué dice?
HOMBRE 1: Salte, hijoputa.
HOMBRE 2: No me insulte, hombre.
HOMBRE 1: Hijo de las mil putas.
HOMBRE 2: Pare...
HOMBRE 1: No tiene usted cojones para saltar conmigo.
HOMBRE 2: Está usted como una puta regadera.
HOMBRE 1: Lo que usted diga. Salte conmigo.
HOMBRE 2: Pero, ¿por qué quiere que salte con usted?
HOMBRE 1: Se me ha metido en los cojones.
HOMBRE 2: Hagamos una cosa: yo me voy, y si eso hace que usted se tire, allá usted.
HOMBRE 1: Dijo usted que tiene familia, ¿no es así?
HOMBRE 2: Ya se lo dije.
HOMBRE 1: Bien, pues como usted se vaya no me tiro. Y le digo más: como se vaya le pienso perseguir y arruinarle la vida.
HOMBRE 2: Pero, ¿quién es usted? ¿Por qué la toma conmigo?
HOMBRE 1: ¿Qué más da eso? El destino, el azar, mis santos cojones. ¿Qué más da?
HOMBRE 2: Pero yo no quiero jugar a esto.
HOMBRE 1: Y, ¿qué le hago yo?
HOMBRE 2: Y, ¿Por qué mete a mi familia?
HOMBRE 1: A su familia la ha metido usted, amigo. Yo de

hecho pensé que no tenía. Usted es el que me dijo que sí que tenía. No haberlo hecho.

HOMBRE 2: Pero, si usted no sabe nada de mí. Ni cómo me llamo, ni dónde vivo. ¿Qué me va usted a arruinar la vida?

HOMBRE 1: Ya lo averiguaré.

HOMBRE 2: Y, ¿qué, piensa buscar en las páginas amarillas?

HOMBRE 1: A lo mejor.

HOMBRE 2: ¿Y qué piensa buscar: hombre blanco, treinta y cinco años, de paso por la ciudad, mujer y dos hijos?

HOMBRE 1: No, buscaré: hombre blanco, treinta y cinco años, de paso por la ciudad, mujer, dos hijos y cara de gilipollas.

HOMBRE 2: Mire, voy a llamar a la policía.

HOMBRE 1: ¿A la policía? Yo soy policía. De hecho podría detenerle ahora mismo. ¿Quiere usted que le detenga?

HOMBRE 2: ¿Detenerme? ¿Por qué?

HOMBRE 1: ¿Por qué no?

HOMBRE 2: Si es usted policía, no tendrá inconveniente en identificarse.

HOMBRE 1: Con que identificarme, ¿no? Se le ha caído a usted el pelo, amigo. ¡Identifíquese!

HOMBRE 2: ¡Usted primero!

HOMBRE 1: ¡Salte conmigo!

HOMBRE 2: Se está poniendo usted muy pesado.

HOMBRE 1: No me diga eso, hombre.

HOMBRE 2: Y, ¿qué quiere que le diga?

HOMBRE 1: No sé, pero que me estoy poniendo muy pesado...

HOMBRE 2: Usted me dirá.

HOMBRE 1: Es que con usted no se puede.

HOMBRE 2: ¿Que conmigo no se puede?

HOMBRE 1: No.

HOMBRE 2: Conmigo se puede, lo que pasa es que usted no se lo está montando bien.
HOMBRE 1: ¿Usted cree?
HOMBRE 2: Estoy totalmente convencido. A ver, ¿qué es lo que quiere usted?
HOMBRE 1: ¿Yo? ... Hombre, visto así... No sé, la verdad.
HOMBRE 2: Ahí está el problema. Si no sabe lo que quiere, ¿cómo lo va a conseguir? Usted quería que yo me tirara al vacío, ¿no es así?
HOMBRE 1: Sí, bueno, pero...
HOMBRE 2: Pero usted se ofreció a tirarse conmigo, ¿cierto?
HOMBRE 1: Sí...
HOMBRE 2: Quiero pensar que, sin conocerme de nada, usted no tenía ningún interés concreto en que yo me arrojara edificio abajo, salvo que fuera para no tener que hacerlo usted solo, ¿no?
HOMBRE 1: Supongo.
HOMBRE 2: Entiendo entonces que usted sí que quería tirarse.
HOMBRE 1: ¿Yo?
HOMBRE 2: Sea sincero, hombre.
HOMBRE 1: Pero...
HOMBRE 2: Como siga usted por ese camino le dejo solo.
HOMBRE 1: Hombre, seguro que podemos solucionar esto de alguna manera.
HOMBRE 2: Me ha propuesto que salte con usted, ¿correcto?
HOMBRE 1: Sí.
HOMBRE 2: Entiendo que le da miedo saltar solo.
HOMBRE 1: Algo así. No sé realmente por qué. Pero algo así.
HOMBRE 2: Bueno. Usted ha meditado sus motivos, y la conclusión a la que ha llegado es que no hay otra salida, ¿me equivoco?
HOMBRE 1: Hombre... Lo he pensado lo justo.

HOMBRE 2: Pues esas cosas hay que pensarlas bien, hombre.
HOMBRE 1: Ya.
HOMBRE 2: Bueno. Yo tengo que reconocerle que ni vine con esa intención ni tengo el más mínimo interés en saltar con usted. No es nada personal. Tampoco saltaría con otra persona. Lo que le propongo es una cosa.
HOMBRE 1: Dígame.
HOMBRE 2: Si usted quiere, si usted realmente quiere saltar yo puedo ayudarle.
HOMBRE 1: ¿Cómo?
HOMBRE 2: Dándole un empujoncito.
HOMBRE 1: Un empujoncito.
HOMBRE 2: Un empujoncito, sí.
HOMBRE 1: Pero usted no saltaría conmigo.
HOMBRE 2: Exacto.
HOMBRE 1: Yo me pondría en el borde, y usted me daría un empujoncito, ¿correcto?
HOMBRE 2: Correcto.
HOMBRE 1: Mmmm... No sé.
HOMBRE 2: Vamos, hombre, anímese.
HOMBRE 1: Es que no me seduce mucho la idea.
HOMBRE 2: ¿Qué no le seduce?
HOMBRE 1: Eso de que usted me dé un empujoncito.
HOMBRE 2: ¿Por qué?
HOMBRE 1: Tirarme yo solo, y usted mirando. Me parece frío. Impersonal. No soy un exhibicionista, ¿sabe?
HOMBRE 2: No, por dios... Pues no se me ocurre nada mejor.
HOMBRE 1: ¿Otra manera?
HOMBRE 2: No, mire, otra manera no. Ya le dije que tengo prisa. Me esperan. Así que o nos aligeramos, o...
HOMBRE 1: No, verá. Me lo he pensado mejor. Se lo agradezco, pero creo que paso. Voy a darle una vueltecita más, no vaya a ser que me esté precipitando.

HOMBRE 2: Como usted vea, pero ya que estamos aquí...
HOMBRE 1: Ya, pero acabo de recordar que tengo que hacer... algo... antes de... ya sabe.
HOMBRE 2: Amigo, está dejando usted escapar una ocasión de oro.
HOMBRE 1: Ya, pero mejor lo dejamos.
HOMBRE 2: ¿Seguro?
HOMBRE 1: Sí. Se lo agradezco mucho. Ha sido usted muy amable ofreciéndose a ayudarme.
HOMBRE 2: No hay de qué. Para eso estamos los turistas, no sólo para llegar, hacer fotos y marcharnos. Siempre me gustó la idea de viajar para integrarme, aunque sólo fuera unos días, en la ciudad que visito.
HOMBRE 1: Bueno, un gusto.
HOMBRE 2: ¿No se anima? ¿Eh?
HOMBRE 1: Creo que no.
HOMBRE 2: Una pena. Ahora que me estaban entrando ganas a mí.
HOMBRE 1: ¿En serio?
HOMBRE 2: Y tan en serio.
HOMBRE 1: Pero usted me dijo que no tenía intención de tirarse.
HOMBRE 2: Ya, pero es como esas veces en que no tienes hambre y ves pasar a alguien con una porción de pizza pepperoni. Sabes que es un capricho, que realmente no quieres comerte un trozo de pizza grasiento; incluso sabes que no es saludable. Pero ya no paras hasta saciar el antojo.
HOMBRE 1: ¿Me ve usted como un trozo de pizza?
HOMBRE 2: Pepperoni, amigo, pepperoni.
HOMBRE 1: Se ha vuelto usted loco.
HOMBRE 2: ¿Loco? No, amigo, solo me ha entrado hambre. ¿Entonces?

HOMBRE 1: No se le ocurra parar en el último momento.
HOMBRE 2: Qué misterio, ¿no cree?
HOMBRE 1: No bromee, por favor.
HOMBRE 2: Desde aquí. A la de tres.

Ambos cogen distancia del borde. Se miran.

HOMBRE 2: Uno. Dos. Dos y medio... Uno. Dos. Y tres.

Ambos toman impulso. Justo en el borde ambos paran. Se miran. Serios.

HOMBRE 1: No se ha tirado usted.
HOMBRE 2: Ya ve. ¿Cómo se siente?
HOMBRE 1: Bien. Me siento bien. Aliviado.
HOMBRE 2: Eso está bien.
HOMBRE 1: Y, ¿ahora?
HOMBRE 2: ¿Ahora? A vivir un rato más. ¿Tiene usted prisa?
HOMBRE 1: No. No tengo planes.
HOMBRE 2: A lo mejor querría usted enseñarme la ciudad.
HOMBRE 1: Me encantaría.
HOMBRE 2: Perfecto.
HOMBRE 1: Conozco un rincón bonito en Chinatown.

Salen.

3

PRESIDENTES

Esquina de la Avenida Madison y la calle 42 de la ciudad de Nueva York. Una mujer camina por la calle y se acerca a un hombre que fuma en la esquina.

MUJER: Perdone, ¿es usted el presidente de los Estados Unidos de América?
HOMBRE: No, ¿por qué lo dice?
MUJER: No, por nada. Debí confundirle con otro.
HOMBRE: ¿Con quién me confundió?
MUJER: Con otro que se parece también al presidente de los Estados Unidos de América. ¿Es usted?
HOMBRE: No, ¿por qué lo dice?
MUJER: No, por nada. Quizá usted no era el presidente de los Estados Unidos de América pero, sin embargo, sí el otro hombre que se parece al presidente de los Estados Unidos de América. ¿Es usted?
HOMBRE: Ni uno ni otro.
MUJER: Disculpe las molestias.

La mujer se va.

HOMBRE: ¡Un momento, señorita! ¿Es esta la manera de dirigirse al presidente de los Estados Unidos de América?
MUJER: ¿Cómo dice?
HOMBRE: ¡Que si es esta la manera de dirigirse al presidente de los Estados Unidos de América!
MUJER: Pero usted me dijo...
HOMBRE: Yo le dije, yo le dije...
MUJER: ¿Es entonces usted el presidente de los Estados Unidos de América?
HOMBRE: No, lo siento.
MUJER: ¿Entonces?
HOMBRE: Sólo me estaba haciendo pasar por el presidente de los Estados Unidos de América.
MUJER: ¡Insensible!

La mujer se va.

HOMBRE: ¡Mal va usted, mujer!
MUJER: ¿Cómo dice?
HOMBRE: ¡Que está huyendo!
MUJER: ¡Déjeme en paz, se lo suplico!
HOMBRE: ¡Huya, huya! ¡Pero no crea que por huir va usted a solucionar sus problemas!
MUJER: ¡Usted no me conoce de nada!
HOMBRE: ¿Eso cree?
MUJER: Por supuesto.
HOMBRE: Usted es una mujer con una tremenda adicción a los presidentes de los Estados Unidos de América.
MUJER: ¡Eso no es cierto!
HOMBRE: Ah, ¿no? Herbert Hoover. John Fitzgerald Kennedy. Barack Hussein Obama.
MUJER: Pare, por favor.

HOMBRE: Franklin Delano Roosevelt.
MUJER: ¡Se lo suplico!
HOMBRE: William Howard Taft.
MUJER: Taft... dios mío.
HOMBRE: Dwight Eisenhower.
MUJER: Ike...
HOMBRE: ¡Thomas Jefferson, George W. Bush, Woodrow Wilson, Bill Clinton!
MUJER: ¡Sí, sí, sí! ¡No lo puedo evitar! ¡Lo reconozco! ¡Soy adicta a los presidentes de los Estados Unidos de América! ¡Quiero casarme con un presidente de los Estados Unidos de América! ¡Quiero ser como Bárbara, Jacqueline, Eleanor, Nancy, Michelle! ¡Hillary!
HOMBRE: Gracias a dios que ha dado conmigo, hay mucho desaprensivo suelto por estas calles que te vende cualquier porquería. Lo llaman democracia y no lo es. Creo que puedo ayudarle.
MUJER: ¿Usted cree?
HOMBRE: Sí, eso creo. Yo seré el próximo candidato de mi partido.
MUJER: No puede ser.
HOMBRE: Ya lo creo que puede ser. Y le digo más: no tengo la más mínima intención de ganar.
MUJER: Si hay algo que me gusta más que un presidente de los Estado Unidos de América es un candidato a presidente que no alcanza la presidencia.
HOMBRE: Lo suponía. Hablan siempre de la erótica del poder, pero son pocos los que hablan de la erótica del casi poder. Samuel J. Tilden, Grover Cleveland, Al Gore.
MUJER: ¡Al Gore! ¡Sí!
HOMBRE: Grandes perdedores.
MUJER: Grandes olvidados.
HOMBRE: Pero no por ello menos necesarios.

MUJER: Personas oscuras que no pueden salir de su pozo de oscuridad.
HOMBRE: Pero que pueden hacer documentales de éxito.
MUJER: Personas que no son capaces de hacer llegar su mensaje a la ciudadanía.
HOMBRE: Ni a su comunidad de vecinos.
MUJER: ¡Yeah!
HOMBRE: ¿Quiere usted casarse conmigo?
MUJER: ¿Cómo dice?
HOMBRE: Que si quiere usted casarse conmigo.
MUJER: ¿Iba en serio que no tiene las más mínima intención de ganar las elecciones?
HOMBRE: Nunca podría ganarlas; aunque quisiera.
MUJER: Sí, por supuesto que quiero casarme con usted.

Se besan. Se van caminando. Abrazados.

¿Y tendremos muchos hijos que cuyos rostros y vidas nadie conocerá porque serán igual de perdedores que su padre?
HOMBRE: Por supuesto, querida. Por supuesto.

4

LA CITA

Esquina de la Avenida Madison y la calle 42 de la ciudad de Nueva York. Una mujer espera. Aparece un hombre.

HOMBRE: Perdona, cariño, casi.
MUJER: Casi no, no has.
HOMBRE: No me había dado cuenta de.
MUJER: Tú nunca te das cuenta de.
HOMBRE: Lo.
MUJER: No te.
HOMBRE: No volverá a.
MUJER: La próxima vez.
HOMBRE: No habrá.
MUJER: Bueno, ¿dónde vamos a?
HOMBRE: En mi.
MUJER: Es que tu.
HOMBRE: ¿Qué le pasa a mi?
MUJER: Nada, sólo que.
HOMBRE: Dilo, no te preocupes si.
MUJER: No es eso.
HOMBRE: ¿Entonces?
MUJER: Es que antes me gustaría.
HOMBRE: Conozco un sitio cercano para.

MUJER: Estupendo, ¿Está muy?
HOMBRE: A ver si me acuerdo, porque.
MUJER: Si no podríamos.
HOMBRE: Espera, creo que.
MUJER: Te lo digo en.
HOMBRE: No, ese no.
MUJER: Y si vamos.
HOMBRE: Ya lo tengo. Vamos a.
MUJER: No me irás a llevar a.
HOMBRE: Vale. No te.
MUJER: No me.
HOMBRE: Si te.
MUJER: Ok. Si me.
HOMBRE: Como siempre que.
MUJER: ¿Vas a sacarme trapos?
HOMBRE: No saco nada, solo digo que.
MUJER: ¡Cállate de una!
HOMBRE: Qué falta de.
MUJER: Perdona. No quería.
HOMBRE: Lo sé, no te.
MUJER: ¿Vamos entonces a?
HOMBRE: Pero, ¿No tenías?
MUJER: Ya, pero ya.
HOMBRE: Entonces en mi.
MUJER: ¿Has dicho que no?
HOMBRE: Nadie hasta las.
MUJER: ¿Nos dará?
HOMBRE: Si nos damos.
MUJER: Vamos entonces en.
HOMBRE: No tengo un.
MUJER: Pues yo me he venido sin.
HOMBRE: ¿Lo dejamos para?
MUJER: ¿Mañana sobre las?

HOMBRE: No puedo hasta las.
MUJER: Entonces.
HOMBRE: Pasado mañana sí.
MUJER: Yo no.
HOMBRE: Está la cosa.
MUJER: Mejor nos.
HOMBRE: Claro, lo haré.
MUJER: No querrás que.
HOMBRE: Por supuesto que.
MUJER: Hasta.
HOMBRE: Hasta.

Salen cada uno por su lado.

5

ESPÍAS

Esquina de la Avenida Madison y la calle 42 de la ciudad de Nueva York. Dos hombres. Parecen espías. GORDON se acerca a SMITH.

GORDON: Hacia Belén va una burra rin rin.
SMITH: Yo me remendaba; yo me remendé; yo me eché un remiendo; yo me lo quité.

Se guiñan un ojo y hacen un juego de palmadas. Acaban con las manos entrelazadas.

GORDON: Novedades.
SMITH: Suelta.

GORDON le suelta la mano.

GORDON: Perdona.
SMITH: Dale.
GORDON: El gorrión ha escapado del nido.

Pausa.

SMITH: ¿Cómo?
GORDON: El gorrión ha escapado del nido.
SMITH: ¿Qué?
GORDON: Ya sabes: el gorrión.
SMITH: ¿Qué gorrión?
GORDON: El pájaro.
SMITH: ¿Qué pájaro?
GORDON: El sospechoso.
SMITH: ¿Cuál?
GORDON: Abraham Jensen.
SMITH: ¿Abraham Jensen? ¿El gorrión? ¿Dónde ha ido?
GORDON: No está muy claro aún. Se barajan varias hipótesis.
SMITH: Con que hipótesis, ¿eh?

SMITH saca una libreta y empieza a apuntar.

GORDON: Irving cree que ha podido huir a Sudamérica para reunirse con su socio John el Gordo. Sin embargo, el sargento O'Shanahan apunta a Japón.
SMITH: ¿Para qué apunta a Japón?
GORDON: Cuestiones balísticas personales.
SMITH: ¿Qué dice el capitán?
GORDON: El capitán no se inmiscuye en la intimidad de los suboficiales.
SMITH: ¿Y de la hipótesis?
GORDON: Nada.
SMITH: ¿Y el teniente?
GORDON: En el hospital aún. Le han amputado las dos piernas.
SMITH: Pobre. Y, ¿qué piensa de todo esto?
GORDON: Lo mismo que el capitán.
SMITH: ¿Nada?
GORDON: ¿Que si nada? ¿Cómo va a nadar, Smith? Le acabo

de decir que le amputaron las dos piernas. ¿Se imagina al teniente Velasco intentando nadar a crol? Me mareo sólo de pensarlo. ¡Qué imagen! Smith, la situación es acuciante.

Pausa. SMITH se queda mirando a GORDON. Intrigado.

GORDON: ¿Le ocurre algo, Smith?
SMITH: ¿Acuciante lleva "h"?
GORDON: ¿Acuciante lleva...? Smith, por dios. Si acuciante llevara "h" sería achuciante, o achuchiante, o acuchiante. Suena a acuchillarte, por dios.

SMITH escribe.

GORDON: Debemos actuar rápido. Creo que me siguen desde hace un par de días. Creo que me han pinchado el teléfono. A veces suena la emisora deportiva cuando llamo a la oficina. Y lo más importante: hemos descubierto a un topo.
SMITH: ¿A un topo?
GORDON: Sí, a un topo.
SMITH: ¿Dónde?
GORDON: Debajo de la fotocopiadora.
SMITH: ¿Cómo era?
GORDON: Marrón oscuro, unos doce centímetros, unos setenta gramos de peso y totalmente ciego.
SMITH: Oh, no cabe duda. Marky.
GORDON: ¿Marky?
SMITH: Sí, mi pequeño Marky: mi topo. Lo llevé a la oficina hace unos días, porque estaba un poco pachucho y no se quedaba tranquilo si no me acompañaba. Así era Marky.

Él hacía garabatos es un papel cuando tuve que ir al baño. Esa fue la última vez que le vi. Al volver encontré su silla vacía y una nota escrita en lo que debe ser idioma topo. Yo no conozco el idioma topo, así que pensé que ponía: Sé que no es la manera que deseas pero ha llegado el momento de que cada uno siga su camino. Me cuesta mucho tomar esta decisión, pero es por el bien de los dos. Siempre tuyo, Marky. Y no, lo que decía era: tengo frío voy a calentarme un rato bajo la fotocopiadora.
GORDON: Lo siento mucho, Smith. Siempre se van los mejores. Aquí le dejo las instrucciones a seguir. Buena suerte.

Le da un sobre.

SMITH: Igualmente.

GORDON se va.

Por cierto, disfrute de su jubilación. Me han dicho que se retira en un par de días.
GORDON: ¡Shhh! Pero, ¿qué hace?
SMITH: Nada, sólo le preguntaba por su jubilación.
GORDON: ¿Por qué tuvo que decir lo de mi jubilación?
SMITH: No sé todo el mundo habla de ello: "Eh, Smith, ¿has oído que Gordon se jubila en un par de días?"
GORDON: ¡Shhh! ¿No sabe que siempre que un policía dice que le quedan dos días para retirarse le pegan un tiro?

6

PRECIOSA Y PERFECTO

(Segunda parte)

Esquina de la Avenida Madison y la calle 42 de la ciudad de Nueva York. PRECIOSA y PERFECTO siguen esperando. Junto a ellos un teléfono público.

ÉL: "Esta triste mañana nos traerá una sombría paz... ¡Ay! El sol no querrá alumbrar con sus rayos un día tan cruel. Ha habido castigos para unos y perdones para otros; pero los siglos venideros recordarán siempre la dolorosa historia de la joven Julieta y de su esposo Romeo." Telón.
ELLA: Bravo.
ÉL: Un clásico.
ELLA: Soberbio.
ÉL: Si es que Shakespeare nunca pasa de moda.
ELLA: Maravilloso.
ÉL: Soy un hombre de repertorio.
ELLA: Ha sido muy amable por hacer mi espera más llevadera.
ÉL: No se preocupe. Para mí es un placer. Además he sacado un poco de dinero para comprar algo bonito.
ELLA: Gracias.
ÉL: No hay por qué.

Pausa.

ELLA: Se hace esperar.
ÉL: ¿Cómo dice?
ELLA: Su amiga. Se hace esperar.
ÉL: Como la primavera.

Pausa.

ELLA: Dice usted cosas muy bonitas.
ÉL: ¿Le gustan?
ELLA: Mucho.
ÉL: Bueno, para ser honesto le diré que la mayor parte de las cosas que digo no son mías. Las escucho por ahí y las repito.
ELLA: Aun así no dejan de ser bonitas.
ÉL: Las plagio.
ELLA: ¿Cómo dice?
ÉL: Que las plagio. Las robo.
ELLA: Pues lo hace usted estupendamente.
ÉL: Gracias.

Él mira el reloj.

ELLA: ¿Ha cambiado la hora de su reloj?
ÉL: Sí. Tres veces, pero nada. Me da a mí que no va a ser cosa del reloj.
ELLA: A lo mejor ha cogido un atasco.
ÉL: ¿De cuatro horas?
ELLA: ¿Por qué no? Podría ser. Es una locura el tráfico en esta ciudad.
ÉL: ¿Lo cree usted realmente?
ELLA: No. Pero no se trata de lo que yo crea, sino de lo que crea usted.

ÉL: Me da a mí que no va a ser cosa del tráfico.
ELLA: No sea negativo, hombre. Seguro que hay una explicación más que lógica que justifique la tardanza.
ÉL: ¿Por ejemplo?
ELLA: ¿Por ejemplo? Veamos... Las mujeres tardamos mucho en arreglarnos.
ÉL: Cierto. Ustedes tardan horas en arreglarse. Eso va a ser.
ELLA: Aunque...
ÉL: ¿Aunque?
ELLA: Aunque no nos conviene esa explicación.
ÉL: Explíquese.
ELLA: Si tenemos en cuenta esa teoría, deberíamos suponer que ella comenzaría a arreglarse con el tiempo suficiente como para no llegar tarde a su cita con usted. A no ser que se pinte mucho...
ÉL: ¿Mucho? ¿Cuánto?
ELLA: No sé. Más de la cuenta. Ya me entiende. ¿Tiene usted problemas con eso?
ÉL: No sé.
ELLA: Si no es así sería una flagrante falta de... puntualidad. A menos que sea una tardanza intencionada, por aquello de la coquetería de hacerse esperar un poco. Aunque, viendo la hora, sería un coqueterismo exacerbado... No. Descartemos esa teoría. Descartémoslas todas. No podemos saber qué ha sucedido. Sea lo que sea, tendrá una explicación lógica. No me preocupa.
ÉL: Gracias. Es usted muy amable. Pero dejemos de hablar de la mujer de la ciudad a la que espero. Cuénteme algo del hombre de la ciudad al que espera usted.
ELLA: Verá...

Suena el teléfono.

ELLA: Creo que es para usted.
ÉL: Seguro que es para venderme algo o hacerme una encuesta. *(Descuelga)* ¿Sí? Entiendo.

Cuelga

ELLA: ¿Equivocación?
ÉL: Sí, mía.
ELLA: ¿Cómo dice?
ÉL: Equivoqué las señas.
ELLA: ¿Se ha equivocado usted de esquina?
ÉL: No.
ELLA: ¿Entonces?
ÉL: De ciudad. Me he equivocado de ciudad.
ELLA: ¿Ve como había una explicación?

7

EL PAPA

A las afueras de la ciudad un hombre parece vender algo a otro.

HOMBRE 1: ¿Le gusta lo que ve?
HOMBRE 2: Mucho.
HOMBRE 1: Le gusta lo que ve, ¿no es así?
HOMBRE 2: Me gusta mucho lo que veo. Tiene usted una ciudad de ensueño.
HOMBRE 1: Cierto. Es una ciudad de ensueño. Una pequeña joya.
HOMBRE 2: Una pequeña joya de dios. Le mentiría si le dijera que no es de las ciudades más bonitas que he tenido el gusto de visitar.
HOMBRE 1: Y usted ha viajado por todo el mundo, ¿me equivoco?
HOMBRE 2: De un confín a otro, pasando por el más allá.
HOMBRE 1: Deliciosa labor.
HOMBRE 2: ¿La mía?
HOMBRE 1: La suya, recorrer el mundo debe ser una labor maravillosa.
HOMBRE 2: ¿Se burla usted de mí?
HOMBRE 1: Yo le envidio a usted, Excelencia. Recorrer

mundo, descubrir nuevas tierras, ¿cuál si no es una de las pasiones innatas del ser humano?

HOMBRE 2: ¿La gastronomía?

HOMBRE 1: Recorrer mundo probando las exquisiteces propias de cada lugar.

HOMBRE 2: Veo que es usted muy despierto, señor mío.

HOMBRE 1: ¿Le he hablado de la gastronomía de esta ciudad?

HOMBRE 2: No. ¿Hay alguna característica en la gastronomía de esta ciudad?

HOMBRE 1: Las más deliciosas viandas que haya podido degustar Su Excelencia en todos los días de su vida.

HOMBRE 2: Apunta usted muy alto. No olvide que he viajado de un confín a otro y más allá. Conozco los parajes más exóticos con los platos más sugerentes que pueda usted imaginar. ¿Son sugerentes sus platos?

HOMBRE 1: Sugerentes dice... ¿Le gusta lo que ve, Excelencia?

HOMBRE 2: Mucho. No lo niego.

HOMBRE 1: Entonces dese el capricho.

HOMBRE 2: No me gusta precipitarme a la hora de hacer negocios.

HOMBRE 1: No querría yo meterle prisa a Su Excelencia, sólo digo que tiene usted la oportunidad de ser el primero en poseer esta pequeña joya. No quisiera parecerle presuntuoso, pero no encontrará nada igual. Ni en este confín ni en el del más allá.

HOMBRE 2: No le engaño si le digo que este es un enclave casi celestial.

HOMBRE 1: Quite usted el "casi". Es el mismísimo cielo en la tierra.

HOMBRE 2: No lo dudo, pero ¿es segura esta ciudad?

HOMBRE 1: La duda ofende, Excelencia. Las más modernas medidas de seguridad, que operan día y noche, convierten esta ciudad en un bastión inexpugnable.

HOMBRE 2: Un bastión de la cristiandad.
HOMBRE 1: Exacto. Imagínese paseando por estas calles en su automóvil especial. Saludando a los fieles, reconduciendo a la perdida turba por los caminos de dios. Mírelos. Le aclaman, le vitorean. ¿Puede oírlos? ¿Qué es lo que dicen? Dicen que le aman, que le adoran. Dicen que es usted el mismo dios en la tierra. ¿Lo oye?
HOMBRE 2: Sí. Creo que sí. ¿Sabe usted que es un vendedor nato?
HOMBRE 1: No hago más que mi trabajo.
HOMBRE 2: Lo hace muy bien, pero dígame una cosa. He podido observar por televisión que sus ciudadanos no acatan las normas de convivencia y de urbanidad cómo debieran.
HOMBRE 1: Está todo bajo control. En esta ciudad, como en otras, existen leyes que aunque, como usted muy bien dice, pudieran parecer permisivas con ciertas actitudes poco ejemplares, ayudan a mantener nuestro status, a la vez que dotan de una sensación de democracia y libertad a la ciudadanía.
HOMBRE 2: Pues déjeme que le diga que no me gustan nada esas leyes.
HOMBRE 1: Se cambian, hombre, ¿no ve usted que esas leyes, en gran medida, las hago yo? Pero no me negará que es la puesta en práctica en la tierra de su ideario divino.
HOMBRE 2: Explíquese.
HOMBRE 1: Su negocio está en el más allá. Habla a la gente de normas que si son cumplidas se convierten en un pasaporte hacia la felicidad eterna. Hacia un lugar que está por venir. El Mañana. Ese Mañana puede ser el paraíso o el infierno, ¿me equivoco? Quien cumple será recompensado; quien no será castigado. Pues nosotros hacemos igual. Pero no Mañana, sino Hoy.

HOMBRE 2: Ustedes y su democracia terrenal.
HOMBRE 1: Llámelo X.
HOMBRE 2: Lo cuenta usted como una película pero, amigo mío, los dos sabemos que las cosas no siempre salen como uno quiere, aunque se tenga la razón. ¡Cuántos horrores, revueltas y revoluciones hemos sufrido durante toda la historia! ¡Cuánto expolio! Las cosas funcionan de otra manera. Incluso a dios hay cosas que se le escapan de las manos.
HOMBRE 1: Excelencia, las cosas funcionan como nosotros queramos que funcionen. Con todos los respetos, dios no pinta nada aquí. El Mañana es de ustedes, el Hoy es nuestro. Nosotros no nos metemos en sus cosas y ustedes dejan tranquilas las nuestras. Y aquí paz...
HOMBRE 2: ...y después gloria, ¿no es así?
HOMBRE 1: Gloria bendita, Santidad.
HOMBRE 2: No se le escapa una.
HOMBRE 1: Tenemos que estar unidos, Santidad. Nuestro target es prácticamente el mismo. Y fíjese: si sumamos nuestro Hoy y su Mañana tenemos un Siempre.
HOMBRE 2: Por los siglos de los siglos.
HOMBRE 1: Amén.
HOMBRE 2: Veamos, imagínese que me la quedo.
HOMBRE 1: No se arrepentiría.
HOMBRE 2: No me aturulle, hombre. He dicho imagínese. Imagínese que me la quedo, pero quiero hacer algunas reformas.
HOMBRE 1: Si compra puede hacer usted lo que quiera; es suya.
HOMBRE 2: Sí, tendríamos que hacer algunas reformas. Reformillas.
HOMBRE 1: Si me permite mi opinión, si se va usted a meter en reformas, hágalas bien hechas. A lo grande. Ya

que arregla, arréglelo todo de una vez. La casa se va a ensuciar igual.

HOMBRE 2: ¿No ha pensado nunca meterse en política?

HOMBRE 1: ¿Política? ¿Le gusta lo que ve? Entonces dese el capricho. Sería una pena que esta hermosa joya de dios acabara en manos del rabino que viene después de usted a ver la ciudad.

HOMBRE 2: ¿Rabino?

HOMBRE 1: ¡Judíos! Están muy interesados y dispuestos a pujar fuerte.

HOMBRE 2: Esos son capaces de cualquier cosa, mataron a Jesucristo.

HOMBRE 1: Por lo que a mí respecta esos crímenes ya han prescrito.

HOMBRE 2: ¿Y qué pasa con lo nuestro?

HOMBRE 1: ¿Lo nuestro, Excelencia?

HOMBRE 2: Sí, lo nuestro. Pensaba que entre usted y yo...

HOMBRE 1: Si compra, lo que quiera...

HOMBRE 2: No podemos hacer frente a esta cifra, si pudiera usted hacerme una rebajita...

HOMBRE 1: No, rebajitas no. Lo siento. Aunque si prefiere esperar a la Primavera tendré cositas nuevas que enseñarle.

HOMBRE 2: Perfecto. En realidad, tampoco me corre tanta prisa.

HOMBRE 1: Dígame, Santidad: ¿Le gusta el couscous?

8

CHARADA

Una pareja pasea por la calle.

ÉL: ¡No lo soporto!
ELLA: Bueno, ya pasó.
ÉL: ¡Es que no lo soporto!
ELLA: Ya está.
ÉL: Es que no lo entiendo. De verdad.
ELLA: ¿Qué no entiendes que yo te lo explico?
ÉL: ¿Por qué?
ELLA: "¿Por qué?"
ÉL: ¿Por qué la gente se ríe?
ELLA: ¡¿Por qué la gente se ríe?!
ÉL: Sí.
ELLA: ¿Porque es una película que hace reír?
ÉL: No hace reír, por dios.
ELLA: No es una película de risa, pero no me negarás que hay momentos muy divertidos.
ÉL: Momentos amables, no divertidos. Momentos que relajan la tensión.
ELLA: Que relajan la tensión y hacen reír.
ÉL: Hacen sonreír. Uno se sonríe. Se ríe por dentro. Sin molestar a nadie.

ELLA: ¿Y la escena en la que bailan pasándose una naranja?
ÉL: Esa escena es muy divertida, pero es que Cary Grant era un cachondo. Dicen que usaba ropa interior femenina y que era un entusiasta consumidor de ácido. Pero tú lo miras, lo ves actuar, empatizas con él, te enamora, pero no te ríes a carcajadas molestando al resto del cine.
ELLA: Reían todos menos tú.
ÉL: Pero es que yo amo el cine. Respeto el trabajo de la gente de la industria cinematográfica. Si el actor suelta un chiste quiero oírlo, procesarlo y disfrutarlo. Si me río a carcajadas sin darle valor a lo que he oído no tiene gracia.
ELLA: Eres tremendo.
ÉL: ¿Tremendo? Se ríen con un chiste y yo me pierdo el siguiente porque no pueden controlar sus rebuznos.
ELLA: Pero si era en versión original y tú no sabes inglés.
ÉL: Sí, pero ralentiza mi atención a los subtítulos. Tengo cogido el ritmo con el que miro la imagen y los subtítulos, y si lo pierdo ya no disfruto de la película.
ELLA: Bueno, si miras el lado positivo no ha estado tan mal: Cary Grant y Audrey Hepburn, Walter Matthau, James Coburn...
ÉL: Me encanta James Coburn. En el "Pat Garret" de Peckinpah estaba soberbio.
ELLA: ...Mancini, acariciarme las rodillas...
ÉL: Mi intención era, por lo menos, llegar a los muslos, pero cuando me decidía alguien se movía o rebuznaba a mi lado.

Ella le besa.

Él: No, no ha estado tan mal.
ELLA: Nada mal.
ÉL: Oye, ¿por qué no nos vamos a casa, nos preparamos unos martinis y ponemos el cd de éxitos de Mancini,

encargamos comida china y la comemos desnudos sobre la alfombra?

ELLA: Hemos quedado con Larry. Ya lo sabes.

ÉL: Ya lo sé, pero es que ese tío es insoportable.

ELLA: No es insoportable.

ÉL: Nos cae mal, reconócelo.

ELLA: Te cae mal a ti.

ÉL: Alguna vez te he oído decir que te cae mal.

ELLA: Eso no es cierto. Es mi amigo y lo está pasando mal. Sabes lo bien que se lo pasa cuando hacemos algo juntos.

ÉL: Sí, pero antes éramos cuatro. Él te daba la brasa a ti y ella me contaba al detalle todas sus recetas de cocina.

ELLA: Y gracias a eso preparas un strudel fabuloso.

ÉL: Me sale bueno, ¿eh?

ELLA: Fabuloso.

ÉL: Pero ahora ella no está, y tendré que oírle lloriquear y lamentar que ella se haya ido con otro. No la culpo. Además siempre pensé que esa pareja no iba a ningún lado. ¿Sabes que creo que ella estaba loca por mí?

ELLA: Pues podríamos haber hecho un intercambio de parejas.

ÉL: Te lo digo en serio. Me ponía caritas y hacía gestitos cuando hablaba de la salsa bearnesa, el chucrut... todo cosas francesas.

ELLA: Creo que le iba el rollo dominación.

ÉL: Seguro. A Larry lo que le pasa es que ahora echa de menos unos buenos azotes. Podemos llevarlo a casa, lo ato a la cama y le doy unas buenas patadas en el culo. No me importaría.

ELLA: No seas burro. Tomamos una copa, cenamos y nos vamos a casa.

ÉL: ¿Cenar también?

ELLA: Claro, hemos quedado para cenar.

ÉL: Y como el pobre está depre habrá que ir donde él quiera.
ELLA: Pues sería un detalle.
ÉL: Seguro que quiere ir a uno de esos restaurantes vegetarianos.
ELLA: Es que él es vegetariano.
ÉL: Pero yo no. Yo necesito carne. Necesito saciar mi frustración llenándome la tripa hasta no poder más. Y él lo sabe. Lo hace para fastidiarme.
ELLA: No lo hace para fastidiarte. Mira hacemos una cosa: cenamos algo rápido con Larry y no vamos a casa a meternos un buen baño de espuma. ¿Qué me dices?
ÉL: Que espero que tenga mucha espuma. Ahí viene.

Entra LARRY

ELLA: Hola, Larry.
LARRY: Hola, cielo.
ELLA: ¿Cómo estás?
LARRY: Bueno, ya sabes cómo son estas cosas.
ÉL: *(Aparte)* Un clásico.
LARRY: Hola, no sabía que tú también venías.
ELLA: Sí, ¿no te lo dije? Pensé que te apetecería que estuviéramos los tres. Que tuvieras, ya sabes, un poco de cobertura masculina.
ÉL: Ya he oído que lo estás pasando mal desde que Nancy te dej... desde que se fu... ¿Has pensado algún sitio para cenar? Hoy es tu noche, así que tú eliges.
LARRY: Gracias. Sois un cielo. Pues la verdad es que venía en el metro con un antojo bárbaro de comer una buena ensalada de algas y tofu. ¿Qué os parece?
ELLA: Suena genial, ¿no es así?
ÉL: Sí, genial. *(Aparte)* Lo hace para fastidiarme.
LARRY: *(A ella)* Tengo tantas cosas que contarte.

ÉL: Sí, yo mientras ayudaré al cocinero a pescar las algas y despiezar el tofu.
LARRY: ¿Qué te pasa? Te veo un poco molesto.
ÉL: ¿Molesto? No, que va. Hoy ha sido un día maravilloso. He madrugado, he comprado el periódico y pan recién hecho. Le he preparado el desayuno a mi mujer, que es esta que está aquí con nosotros. Se lo he llevado a la cama. Hemos hecho el amor tres veces.
ELLA: ¿Tres veces?
ÉL: Tres veces. Nos hemos duchado y nos hemos ido a ver una reposición de *Charada*, que todo el mundo cree que es de Hitchcock, en el cine del barrio. Ya sabes: Audrey Hepburn y Cary Grant, París... lo que se dice un plan de parejitas. Y ahora, después de todo eso, me voy a cenar con un buen amigo que está pasando un mal momento. ¿Por qué iba a estar molesto?
LARRY: ¿No es de Hitchcock?
ÉL: ¿Cómo?
ELLA: Bueno, vamos a cenar.
LARRY: *Charada*. ¿No es de Hitchcock?
ÉL: Pues no, no es de Hitchcock.
ELLA: Qué hambre, ¿no?
LARRY: Y si no es de Hitchcock, ¿de quién es?
ELLA: Si no nos vamos ya no encontraremos mesa.
ÉL: ¿Cómo que "si no es de Hitchcock, de quién es"?
LARRY: Pues eso, que quién es el director.
ELLA: Después no quiero quejas cuando nos sienten junto a los baños.
ÉL: Pero, ¿tú le estás oyendo?
ELLA: Sí, le estoy oyendo, basta de tonterías.
ÉL: ¿Por qué iba a tener que ser de Hitchcock?
ELLA: ¡Ya vale con Hitchcock!
LARRY: No es que tenga que ser de Hitchcock...

ELLA: ¿Tú también?
LARRY: ... pero él mismo lo dijo: "todo el mundo cree que es de Hitchcock".
ELLA: ¡Chicos!
ÉL: Sí, pero, ¿por qué crees tú que es de Hitchcock?
ELLA: Os lo advierto: paráis o me voy.
LARRY: Veamos. Para empezar la época.
ÉL: Hitchcock hizo películas desde 1922 hasta 1976.
ELLA: Por favor.
ÉL: Que pueda incluirse *Charada* en la época, ¿no es un poco general?
ELLA: Me voy.
ÉL: Cuando dices época te refieres al Siglo XX, ¿no?
LARRY: Imbécil. Cary Grant. Era uno de los actores de Hitchcock.
ELLA: ¿Imbécil?
ÉL: Hizo cuatro películas con él.
LARRY: Entonces no me equivoco.
ÉL: Cuatro de cincuenta y ocho.
LARRY: La temática. La temática es muy hitchcockiana.
ELLA: ¿Hitchco...?
ÉL: Es un sello, Larry; un género en sí mismo. Es una mezcla de suspense con cine policíaco, con comedia de enredo, con historia de amor. Hubo muchos directores que se vieron influenciados.
LARRY: La música.
ELLA: Me voy.

ELLA se va. Ellos siguen a lo suyo.

ÉL: ¿La música?
LARRY: Sí, Henry Mancini. Un clásico de esos años. Trabajó con Hitchcock.

ÉL: Mancini no trabajó jamás con Hitchcock. Compuso la música de *Frenesí,* pero el gordo la rechazó y contrató a Ron Goodwin.
LARRY: Un momento. ¿Dónde está Karen?
ÉL: ¿"Dónde está Karen"? Y yo que sé dónde está Karen. ¿Ves lo que has conseguido?
LARRY: ¿Yo?
ÉL: Sí, tú con tu estupidez.
LARRY: ¿Insinúas que Karen se ha ido por mi culpa?
ÉL: No, se ha ido por la mía, ¿no te jode? Llevamos sin separarnos desde las 9 de la mañana, y todo era maravilloso. Llegas tú y en diez minutos todo se jode.
LARRY: Estás como una cabra.
ÉL: Mira, no quería decírtelo pero será mejor que lo sepas. A Karen le caes mal.
LARRY: ¿Que le caigo mal?
ÉL: Sí, chico, que no te soporta.
LARRY: Te lo estás inventando.
ÉL: No me invento nada. Es la verdad.
LARRY: Pero, ¿Por qué iba yo a caerle mal? Somos amigos desde hace muchos años y jamás hemos tenido el más mínimo roce.
ÉL: Creo que sabía que estás locamente enamorado de ella.
LARRY: ¿Yo enamorado de Karen?
ÉL: Le hacía sentir incómoda.
LARRY: Yo no estoy enamorado de Karen.
ÉL: Eso yo no lo sé. Lo que sí sé es que ella lo ha notado. Y te digo que es una persona muy intuitiva. Si lo piensa es que algo habrá.
LARRY: No es verdad, la quiero como amigo.
ÉL: ¿Y tú crees que te va a creer?
LARRY: ¿Y por qué no iba a creerme?
ÉL: Mírate, Larry. Te ha dejado tu mujer. Estás enamorado de

tu amiga, tu amiga casada, casada conmigo, que también te abandona.
LARRY: ¡Que no estoy enamorado de Karen!
ÉL: Eso es en tu mundo. En el de Karen estás loquito por ella.
LARRY: Esto es ridículo.
ÉL: Siento decírtelo pero te has quedado solo.
LARRY: No lo sientes una mierda.
ÉL: Es verdad, sólo quería ser amable, pero es mejor ser sincero.
LARRY: Eres un cabrón con suerte.
ÉL: Sí, eso creo.
LARRY: Espero que se te tuerzan las cosas y te sientas como me siento yo ahora mismo.
ÉL: Ya veremos. Espero no verte más.
LARRY: No te preocupes que así será.
ÉL: Hasta nunca, Larry.

ÉL se va. LARRY se queda.

LARRY: ¿De quién era?
ÉL: ¿Cómo?
LARRY: *Charada*, ¿de quién era?

9

PRECIOSA Y PERFECTO

(Tercera parte y última)

Esquina de la Avenida Madison y la calle 42 de la ciudad de Nueva York. PRECIOSA y PERFECTO siguen esperando.. Junto a ellos un teléfono público.

ELLA: Hombre, en lo que se refiere a ciudades una letra u otra cambia mucho las cosas.
ÉL: Debe de ser que no lo leí bien. Las prisas, que son malas consejeras.
ELLA: Y la curiosidad mató al gato.
ÉL: Y a usted la encontré en la calle.
ELLA: Más vale tarde que nunca.
ÉL: Aunque no hay mal que por bien no venga.

Pausa.

ELLA: No tiene por qué seguir con esto. Ha sido usted muy amable.
ÉL: No se preocupe, hago tiempo hasta la hora de mi vuelo.
ELLA: Me refiero a que ya no espero más.
ÉL: ¿Se va usted entonces?
ELLA: No, me quedaré un rato, si quiero, pero ya sin esperar

al hombre de la ciudad al que esperaba.
ÉL: ¿Por qué?
ELLA: Ya he esperado lo suficiente.
ÉL: Bueno, un gusto... Preciosa.
ELLA: Lo mismo digo... Perfecto.

Se dan la mano.

ÉL: Hasta...
ELLA: ...Pronto.
ÉL: ¿Nos volveremos a ver?
ELLA: Seguro.
ÉL: ¿Lo cree de veras?
ELLA: No, pero nunca se sabe.
ÉL: Sería bonito.
ELLA: Buen viaje.
ÉL: Bueno, hasta... véngase usted conmigo.
ELLA: ¿Cómo dice?
ÉL: Que venga usted conmigo al aeropuerto.
ELLA: Gracias, pero creo que no es buena idea: tres, algunas veces, son multitud.
ÉL: No voy a ir a buscarla.
ELLA: ¿Cómo dice?
ÉL: Que no voy en busca de la mujer a la que esperaba.
ELLA: ¿Por qué?
ÉL: Porque yo también me he cansado de esperar.

Se miran.

ÉL: ¿Qué me dice?
ELLA: Que no me conoce usted de nada.
ÉL: Ni usted a mí tampoco.
ELLA: Ya, pero...

ÉL: Yo también.
ELLA: Sí, pero...
ÉL: Yo tampoco.
ELLA: ¿Dónde vamos?
ÉL: Dónde quiera.
ELLA: Lejos. Me gustaría irme lejos.
ÉL: Lejos. Vámonos lejos. Usted y yo.
ELLA: Perfecto y Preciosa.
ÉL: Preciosa y Perfecto.

Se disponen a salir. ELLA para.

ELLA: Necesito hacer una llamada. En seguida le alcanzo.
ÉL: Voy parando un taxi.

ÉL sale en busca de un taxi. ELLA descuelga el auricular del teléfono público y lo deja colgando del cable. Mira lo que tiene a su alrededor. Sonríe y mira hacia donde él se ha ido. Le tira un beso con la mano y tranquilamente camina hacia el lado opuesto. Se pierde entre la multitud.

ÍNDICE

PRÓLOGO	9
Preciosa y Perfecto (Primera parte)	19
Suicidas	29
Presidentes	45
La cita	53
Espías	59
Preciosa y Perfecto (Segunda parte)	67
El Papa	75
Charada	83
Preciosa y Perfecto (Tercera parte y última)	95

Antonio de Cos (Cádiz, 1978) es actor, dramaturgo y director. Formado en el Laboratorio de teatro de William Layton desarrolla su carrera en cine, televisión y teatro. Es autor del guión del cortometraje *Por la venas de la noche* (Premio RTVA a la creación andaluza) y del documental *20 años no es poco. Cambalache Jazz Club*, junto a Alejandro Luque. En teatro es autor de *Juanillo on fire, Safronia* (junto a Jose Padilla y Juan Vinuesa), *Dos en laciudad, Flores y Chelsea Hotel*.

www.ingramcontent.com/pod-product-compliance
Lightning Source LLC
Chambersburg PA
CBHW022121040426
42450CB00006B/792